JN424989

움직이는 풍경화

오름시인선 · 37

움직이는 풍경화

펴낸날 _ 2018년 1월 11일

지은이 _ 전 민

펴낸곳 _ 기획출판 오름

등록번호 _ 동구 제364-1999-000006호

등록일자 _ 1999년 2월 25일

주소 _ 대전광역시 동구 대전로 815번길 125 2층 (삼성동)

전화 _ 042.637.1486

팩스 _ 042.637.1288

E-mail _ **orumplus@hanmail.net**

ISBN _ 978-89-90151-00-1

값 10,000원

· 잘못된 책은 바꾸어드립니다.

· 지은이와의 협의에 의해 인지는 생략합니다.

「이 도서의 국립중앙도서관 출판예정도서목록(CIP)은 서지정보유통지원시스템 홈페이지(http://seoji.nl.go.kr)와 국가자료공동목록시스템(http://www.nl.go.kr/kolisnet)에서 이용하실 수 있습니다.(CIP제어번호: CIP2018000135)」

※본 사업은 대전문화재단 | 대전광역시 DAEJEON METROPOLITAN CITY | 한국문화예술위원회 에서 사업비 일부를 지원받았습니다.

오름시인선 · 37

움직이는 풍경화

전 민

Orum Edition

시인의 말

백마가 백사장을 달리고 지나간 뒤엔 모래발자국이 새겨져 남고
까마귀가 날다 내려와 눈밭을 걸은 후엔 눈발자국 흔적이 남는다

밀썰물이 덥쳐 오거나 바람이 불고 비가 내리거나 햇살이 퍼지면
크거나 작은 여러 모양새의 발자취를 일부러 지우려하지 않아도
과거와 현재는 하나로 만난다

사람들의 가슴 속에 각인 되어있을 내 생에 남겨놓은 많은 발자국
희미하고 조그마한 자취라도 부끄럽고 보기 흉한 흔적은 아닐런지?
古稀가 되어 세례도 받고, 시집 한 권으로 발자국을 또 찍어놓는다.

2018년 1월

전 민

차례

제2부

삶을 시내버스에 싣고

제3부

꽃신 사오셨네

제4부

스님은 행복도시로 내려갔지

제1부

지는 벚꽃이 더 아름답다

봄비

미나리꽝 몸 푸는 기지개
안개는 버들강아지를 품고
속살 깊이 스며드는 봄 향기
귓불을 간지럼 태우는 봄비

눈꽃 가지에 숨겨놓았다가
봉긋이 기어 나오는 홍매화
화신을 꿈꾸는 꽃술 머리에
봄의 숨결 한 움큼 뽑아내

폭죽 터지듯 꽃망울 톡톡
눈시울 뜨거워지는 한 몸
겨울 나뭇가지의 봄노래
휘감겨 오는 축제의 행진

꽃씨 하나 묻어놓지 못한
고희古稀의 문 윙크하며
은신을 곱게 벗어놓는 봄비
연초록 보따리 풀어 놓았네

3월 순筍

지난 겨우내
눈 쌓인 양지 뜸에
마음 밭을 일궈놓고
뿌려 놓은 씨앗 한 톨

하루 열댓 날
언 땅을 호호 불며
밤낮으로 지켜 서
눈독 들여 보고 또 보았네

막대 꼬챙이 된서리
마구 난폭해지며
대징긴 골풀무
팔랑개비 소리
천둥 번개 섞어 치고

이제야 겨우사
트이는 움의 시도
3월 순筍이네

당신의 새벽빛 한 줌

그대의 흰 돛

윤사월
꽃샘바람 스쳐 간
이순耳順의 잔가지

꽃망울
꼭지 떨어진 자리에
철 늦은 초록빛 순
대신 돋아
색깔 짙어가고

유년의
마음자리 깊이
실뿌리 묻어 놓고
꽃다운 이파리
꿈꾸며 아침 맞는
사철 푸른 나무

새벽 비
씻고 간
풋가지 마디마다
곱게 파도쳐 오는
그대의 흰 돛

번호인간

– 메르스 세상

철쭉꽃이 오월 산을 무차별 덮어가듯
어디서 갑자기 번호표를 받은 인간이
투명 죄수복 번호표를 훈장처럼 달고
서울 경기 대전에 살인범으로 나타나
조선 팔도를 종횡무진 뒤틀어 놓았지

1번, 14번, 35번 의사, 무개념의 141번
182번 나무에서 나온 만 개의 잎사귀
흔들리는 기둥에서 새끼 친 가지와 잎
번호 인간이 스치고 지난 자리 주위엔
바람, 새소리 멈춘 시간까지 비껴갔지

5월에 침략하여 폭염 속 전국을 달구며
붉은 완장을 찬 메르스에 선고가 내렸다
186명이 포로로 잡힌 뒤에 38명은 사형
생명의 사선에서 반년을 견딘 80번 남자
백기를 들고 나온 자리에 새살이 돋았네

안개 속의 숙녀 호

물보라 그대 곁에 다가서면
청 나비 드레스를 휘날리며
우리는 여인의 매혹에 빠져
나이아가라와 함께 젖어가는
유람선, 안개 속의 숙녀 호

폭포의 연인으로 강바람이
그대 살 속으로 스며들 때
뜨거운 전율로 물안개와
춤추며 오늘을 맴도는 나
세월도, 나이도 흘려보내며

천지간의 뇌관을 헤치며
7만 개의 트럼펫을 탑 쌓아
동시에 불붙인 사운드 뮤직
인간의 가슴으로 파고드는
강렬한 빛의 오케스트라 선율

지상으로 부서져 내리는
폭포수가 얼마나 두려웠으면
순박한 옛 원주민들은
부족의 아리따운 처녀만
분노한 신神에게 바쳤을까?

꿈의 여로

살아가는 일이 너무 배고파
오직 끼니가 주제이자 목표일 때
배불뚝이도 냉큼 보기 힘들 때
소년의 안 깐 콩깍지 꿈은
배가 불룩한 강낭콩, 사장님이었지

소년은 쫄아든 배에 헛바람을 넣어
사장님 되는 연습을 하며
억지로 빈 배를 내밀어도 보고
미래의 이상형, 배 사장이 되는
꿈을 꾸며 나이를 더해갔지

조금씩 나이가 들면서
꿈의 형태와 색깔도 변해가고
통도 키 만큼 커지기 시작 했어
면서기, 군 장교, 경찰서장으로
그러다간 국회의원, 대통령까지도

예까지 와 온길 뒤돌아보면
한 세상 살아가는 길목에

안 되는 것이 없다고 자신하며
통하지 않는 것도 없다고 다가서며
살아본 때가 인생의 황금기였나 봐

소년의 나이가 점점 무거워질수록
마음 밭에 그려가는 꿈의 너비는
대학교수, 교장 선생님, 평교사로
하늘만큼에서 운동장, 안마당으로
고양이 발자국 너비만큼씩 좁혀갔지

이제 되돌아갈 수 없을 만큼
여기까지 걸어온 소년의 꿈은
이유 없이 툭 튀어나온 똥배를
유년의 기억 속으로 밀어 넣으며
꿈의 색깔은 단색만 칠해보는 거야

세상 살아가는 깊은 뜻

세상 살아가는 깊은 뜻
내 아직 어려 철모를 때
친구로 믿고 찾아온 고추잠자리
매미채 속으로 유인해 잡아놓고
두 날개를 비틀기도 하며
한쪽 날개만 찢어 놓기도 하고
막장엔 양쪽 날개를 모두 떼어
파닥이는 최후의 체온
뒤트는 생명의 몸부림에 취해
정복의 희열, 웃고 손뼉을 치며
만끽하고 있는 하늘 아래의
절대 신神, 바로 나였었지

세상 살아가는 깊은 뜻
내 아직 철 설익어 감감할 때
불개미 떼의 행렬을 쫓아
바가지로 물벼락을 부어가며
때로는 보를 막았다가 터놓고
시리아 난민처럼 흩어지는
처절한 수해의 모습 즐기며

호탕하게 너털웃음 웃어도 보고
깜장 고무신짝 두 발로 세차게
싹싹 문질러 흔적도 없애며
재미있고 신나는 전쟁놀이
나는 완벽한 황제가 되었었지

세상 살아가는 깊은 뜻
아직도 깊게는 모르지만
불개미 떼의 행렬을
엄숙히 지켜보다 따라보며
갈대 깃에 찢긴 고추잠자리의 날개도
떼어주고, 때로는 매만져 주며
세태의 돌개바람에 휘말려
쓰러진 패자의 터진 코
도저히 용서받지 못할 사람도
정말로 용서해주고 싶고
던지는 돌팔매의 표적에
대신 맞아주고도 싶은 나이

지는 벚꽃이 더 아름답다

절정에
사정하고
한꺼번에만
거두어주는 너

누가
사꾸라라
이름 붙였나
하얀 꽃 태워
깜장 믿음 버찌

품지 못할 향기는
탐내지 않는 거란다

위치추적位置追跡

바라보는 눈은 둘인데
상像은 하나로 겹치오

잠자는 호수는 등이 가렵고
소리 없는 냇물은 속이 타오
외길만이 최고는 아니라하오

용트림하는 탁류이면 어떻고
쓰레기더미 휩쓸어 갈 물길이면 대사요
눈, 귀나 좀 닦고, 찌든 머리도 빨아내고
외길, 두길, 삼거리, 사거리를 오가다가
오거리로 달려가거나, 실려 나가거나

주제가 있는 강은 흐르는 역사라오
귓속말 높여 때로는 소리도 질러보고
천년 관념의 먼지 탁탁 털어도 보고
모진 돌 모서리 다독여 친구로 하며
냇물은 강이 되고 강물은 바닷물 되어
큰 주제를 찾아 세월 속을 돌아 돌고 있오

강강술래야

남생아 남생아 놀아라
절래절래 가 잘 놀아라
동그라미 속에선 남생이 춤
원 밖에서는 엉덩이춤이 들썩들썩
천 냥짜리 쳐내 띠고
만길 담장 뛰어 넘보다
곤때 묻은 자색 조끼
열댓 번은 찢고 찢었다네
우리 어매 이를 보고 야단커든
달 밝은 뒷동산에 유자나무
유자 따러 올라갔다 찢겼다고
그래도 안 듣거든 청사 홍사
당사실로 흠침 없이 감쳐주세

말자 말자 덕석 말자
비가 온다 덕석 말자
풀자 풀자 멍석 풀자
햇빛 나온다 멍석 풀자
비야 오지마라 딸 밭에 장구 친다
기왓장 밟아 깨지는 소리

넓고 넓은 들판 한가운데
가슴 뛰는 연분홍 저고리
하얀 치마, 옥양목 외씨버선
동네 처녀, 아낙들 모두
동구 밖 안산 벌판에 모여
강강술래야, 강강술래야.

가을 나무

한 시대의 아픔처럼이나
가을 산의 나무들은
겨울맞이 몸살을 한다

닥쳐올 혹한에 살아남기 위해
분신으로 키워온 가지와
황금 잎들과 다시 헤어져야 하는
계절의 순리를 천륜으로 받아들이며

겨울이 지나고 나면
다시 내년 봄에는 새 가지가 뻗고
새 이파리가 돋아날 것을
오직 희망으로 싹틔우면서
촛불과 태극기로 바람을 막는다

움직이는 풍경화

글방 훈장도 하고
갱엿도 고아 파는
웃뜸 김 선상님 댁, 상뜸 조 씨네
큰 아들 서울 나가
미장공 되어 까딱없는 방 서방 댁
속바지 속속 깊이
고린 지전紙錢 숨겨 있을 거라고
냉천 빨래터 뒤뚝이는 바윗돌 위

윤 초시 맏며느리는
깊은 한숨 꺼내 헹궈 빨다가
구 구장 만나러 지나가는
면서기 박 주사 자전거 뒷바퀴 따라
굴렁쇠 되어 쫓아가고 있었다

산밭에 몸 파는 이웃 아낙들
참도 안되어 밭둑으로 길 옆으로
오뉴월 갯벌에 능정이 처럼
사카린 탄 맹물에다
질커덩이 삶은 보리감자

꺼진 삶 임시 속일지라도
일평생에 단 한 번
자식만은 공부시켜
붓대 잡은 월급쟁이
검은 양복에 흰 칼라
면서기, 조합 서기 되는
꿈으로 오늘을 채워 가는

새경으로 받은 암송아지
뼛골 팔아 키운 금송아지
읍내 장터에 내다 팔던 날
허리춤 깊이 감춘 돈 뭉치
두 손을 떼지도 못한 채
삼 십리 길 단숨에 달려와
옥양목 세 폭 깊이 싸
빈 뒤주 속에 감춰놓고
맷돌을 올려놓고
도구 통도 엎어놓고
맏아들 예쁜 이마 위
가운데 중中자 별처럼 반짝이는 날

어렵게 넘어가던
목 부러진 성황당 고개 위의
헹가래 치던 뭉게구름

송이송이 꽃송이
송이구름 피어나고 있었다

진짜 거짓말

무수리 출신 종갓집 우리 안방마님은
영감 나이가 한 살씩 자꾸 깊어갈수록
사후 걱정도 비례해서 점점 무거워진다
순실은 사십에 미리 해놓은 유산상속도
얼마 못 가서 남겨줄 확증도 날아갔고
찾고 싶은 비자금도 기대하기 어려운데
종손 영감이 이 세상 먼저 떠나기 전에
유산으로 남겨 놓을만한 것도 별반 없고
미리미리 처리해야 할 일만 남아 있단다

마님의 위치를 넘겨준 한 많은 세월과
이내의 보금자리를 점령한 애첩들을
솎아내며 종부 자리를 채우는 일이란다
영감이 반평생을 끼고 살던 문서들이
피돌기를 아직 멈추지 않는 고서들이
폐휴지 화장장으로 강제 징집되기 전에
서적 곳곳에다 땅문서를 숨겨놓았다고
고희를 맞아 가짜 유언장을 쓰려 한다
유산으로 숨겨놓았다는 진짜 거짓말로

욕쟁이 내 친구 영식이

육십도 안 돼서부터
지하철 경로석을 안방처럼 차지하고
백발 효과로 극노인 대접받으며
하루 한 끼는 술로 때우고
두 끼는 욕으로 배를 채우며
칠십 평생을 살아온 내 친구 영식이

두어 살은 더 먹은 동네 양반
동생처럼 술심부름도 시키고
형님 노릇 톡톡히 하며 살다
낮술 몇 잔에 말다툼하다 치고받고
주민들 신고로 파출소에 잡혀 와
신원조회 탓에 아우로 강등 됐네

친구가 좋아하던 술 담배도
동네 사람들과의 술자리도
고향 불알친구들과 만남도
남북 이산가족 왕래 끊겨버리듯
감감무소식 속에 간간이 들려오는 말
대장암이 삼식이로 등급 시켰다네

진눈깨비 쌔리던 봄날

복사꽃, 살구꽃, 진달래 꽃몽올에
진눈깨비 마구 쌔리던 이른 봄날
조용한 마을로 내려온 들고양이는
굴뚝 속에서 찾아낸 생쥐를 어르듯
여자라는 존재의 풀꽃을 뭉개버렸다

도망치다 목검에 찔려 죽은 순덕이
젖먹이를 빼앗기고 끌려간 최 씨 댁
상품성 있는 꽃은 군용트럭에 실렸다
애원하던 애 엄마는 길바닥에 쓰러지고
따라오는 아기마저 군홧발로 내리쳤다

헌 짐짝 속에 묶여진 조선의 풀꽃들은
화물열차와 관부연락선에 물품으로 실려
일본이나 중국, 동남아 진지에 보급되었다
일상엔 황군 병사들의 개 껌이 되어 놀다가
먹이로 바뀌어 짐승무리의 밥상에 올렸다

병영 안에서는 소모품으로 마모되어가다
그리던 조국의 품에는 안겨보지도 못하고

일장기가 내려지자 폐품으로 내팽개쳤다
고향의 친지들에게도 온갖 수모를 당하며
줄기를 갉아 먹는 기억의 벌레들과 싸웠다

역사는 아물지 못한 큰 상처를 봉합해 놓고
수술할 부위에 양심의 칼을 대려 하지 않는다
나는 이승 다하기 전에 과거를 간증할 수 있다
당시의 직함은 노무보국회 동원부장 요시다
황군의 맹견, 이빨 갈던 노예 사냥꾼이었다

지구는 우리의 가정

봄 햇살이 너무 설치면
골안개비가 숨어 버리고
자연이 서서히 파괴되면
지구 안에서 일어나는 일로
우리 인간이 지켜온 영혼도
외로운 호수 속에 잠겨버린다

이 땅은 조상의 뼈가 묻힌 곳
내가 이 땅을 존경하면 할수록
지구 가족의 삶도 사랑으로 충만하고
동식물과 인간은 가족으로 연결 된다
생명은 거미줄을 짜는 것이 아니다
작은 거미줄의 한 가닥에 불과하다
인간이 거미줄에 행한 일은 곧 자신

저 넓은 초원을 물 흐르듯
떠도는 새털구름은 인간 돛대
태아가 모태의 심장 고동을 움켜쥐듯
돌과 나무와 숲에는 인간의 영혼이
이 땅의 온기를 체온으로 받아들여

우리의 아이들처럼 자연을 돌보며
지구를 위해 온 힘을 사랑과 정성으로

풀씨가 날아와 풀꽃이 핀 것처럼
한 인간으로 홀연히 태어났다가
어느 날 갑자기 곁을 떠나더라도
우리는 가족이기 때문에 믿고 있다
지구는 자연과 인간의 가정이라는 것을
가정 안의 가족, 형제자매라는 것을
가족은 소중한 보배라는 것을

제2부

삶을 시내버스에 싣고

蘭난

한 세상
욕심 채워 살려면
못할 일 뭔가

모래 섞인 물에
눈부신 빛 막아 줄
벽 하나 있으면 되지

짧은 생애
광내며 살려면
못 살 거 뭐 있나

곧은 줄기
있어서 흐뭇한 친구
꿈의 향기 찾아주면 고만이지

젊은 문지기가
아무도 모르게
공주님의 머리에
꽂아준 선물

난초꽃

봄은 또 다시 오고

비 갠 잔디밭
풀잎마다 열린 무지개
미끄럼 타며 노는 물방울
휘파람 곱게 불면
일제히 수액水液을 펌프질하는
나무들의 행진
화강암 굴 바닥에
솟아오르는 돌순처럼
톡톡 솟아나오는 샛눈

얼마나 고마운 일인가
그와 같이 나를 위하여
동정童貞을 지키듯
잃지 않은 눈매
마음 밭 깊은 곳엔
사철 푸른 소나무가
다른 방에는
때가 고조된 아내가
주말 신랑을 기다리듯
고향 따라 뻗어가는 싸리순

고향 하늘 지켜주는
그녀와의 눈 맞춤.

간월호의 철새

겨우내
지친 날개를 풀고
잠시 쉬어 가는
철새들의 천국
간월호의 모래섬

갈대밭엔
매와 말똥가리의
비정한 공습에서
벗어날 수 있어서
예전엔 참 좋았었는데

세상에서
가장 무서운 천적
인간들이 찾아온 후
쉼터를 조금씩 빼앗긴
물오리와 기러기 떼들은

찾아온 고향
간월호의 모래섬을

어부가 갯벌을 떠나
도회 불빛 따라 몰려가듯
하나 둘 씩 떠나고 있다

고향 산책

춘삼월 산나물 한 소쿠리에
보릿고개 넘겨볼 걸음이 가벼워
오뉴월 푸장나무 한 바지게에
동지섣달 구들장이 정겨워서
산 말랭이 빛 드는 곳에 터를 잡았지
그때, 울할배는.

복사나무, 살구, 오얏나무
빈터 구석마다 심궈놓고
울아버지와 엄니는
남새밭 가꿔가며
세벽같이 똥장군 등에 진 채
꺼먹고무신 다 달아 헤어지도록
삼백예순 댓 날을 하루에 다 담아
세월을 돌려가는 바람개비
가슴 밭에 묻어두려 하지 않고.

희미한 반딧불 쫓다
큰 불빛 따라 떠나버린 가시나들
실개천 돌 틈 헤집으며 가재 잡던

소꿉동무, 선머슴아들 눈에 선하고
돌미나리, 쑥부쟁이, 잔대며 찔레순
치마폭에 가득 몰아 담고
망아지처럼 뛰놀던 뒷동산
그때 고 계집애들
눈 감으면 선명하게 그려지고.

가을엽서

삶의 묵직한 의미를 가득 품고
계절의 철책을 넘어온 바람 향기
시의 가슴에 나비처럼 내려앉자
살점 떨어져 나간 빈가지 마디엔
비, 구름, 바람, 햇살이 벗어 놓은
그리움의 긴 그림자가 아물거린다

우리는 여태껏 어떻게 살아왔고
앞으로 어떻게 살아 갈 것인가를
그렇게 사랑하며 그리워하였지만
빈자리마다 언제나 홀로 채워지는
가을, 우주의 맥박이 뛰고 있음을
낙엽, 그대는 알 수 있음직 하네

한 나뭇잎이 대지와 하나 될 때
달과 별의 운행과 계절의 순환도
새 생명의 탄생과 죽음의 공포도
자연은 살맛과 희망으로 머물고
바람도 멈춘 망각의 잔가지에는
싹눈만 새로운 질서로 꿈틀댄다

봄꿈을 그리면서 잎은 떨어져
색채가 바랜 어둠 속에 묻힌다
세월 속에 묻혀야 하는 이유를
가을은 거부하지 말아야 한다
시의 가슴팍에 잎이 안겨올 때
우주는 파란 삶의 깃발이 된다

단풍꽃

이순耳順의 텃밭을
뛰쳐나간 내 삶의 불씨 하나
고희古稀고개 갓 넘어가
가을 산에 불을 붙인다

파란 청춘의 잎도 태우고
노란 장년의 줄기도 태우고
노년의 가지로 타고 내려
유년의 실뿌리까지 태운다

석양에 붉게 색칠해놓은
무지갯빛 추억은 그대처럼
단풍꽃 다소곳이 피어
빈 가슴 속에 꼭꼭 묻어둔다

오리털 파카

젊었을 때, 그래도 한동안은
폼 나게, 백화점 전시매장에서
유혹의 센 불빛도 받아왔지만
디응박 팔자로 변신한 명품족 외엔
누구 하나의 눈길도 받지 못한 채
그녀는 철 지난 활인 매장을 거처
시장통 잡스러운 구석까지 밀려와
세일을 맞아야 할 신세가 되었었지

그대가 내 마음속을 차고 들어
등에 업혀 안방까지도 누리더니
눈비 비껴 날리던 겨울 한 철 외엔
참사랑 한번 제대로 받지 못하고
어두운 옷장에 중죄인처럼 갇혀
살아오다가 외국 나들이 나간다니
인천공항까지 따라와 가방 속으로
더운 나라까지 와서 또 천덕꾸러기

귀국 후, 혹한 속에서나 안아보는
꼭, 내 누구를 빼닮은 그대의 일생

우리 집 순실이

엊저녁까지 주인 모시며 잘 놀았는데
몇 시간도 밀애 하듯 흥 탕 즐기며
아침 해 돋으면 또 만나 손 맞추자던
말 잘 듣던 순실이가 어느 날 갑자기
안주인이나 된 듯 제멋대로 쌤통이다
방문을 두드려 대며 나오라 사정해도
문고리를 부둥켜안고 열어주지 않고
몇 달 며칠 걸려 수학해 보관해 놓은
글 창고며 추억의 곳간까지 털렸다
달래 보다 윽박질러 봐도 막무가내다
몇 십 년간 같이 살아온 수족이 변했다
할 수 없이 순실이를 가슴에 끌어안고
컴퓨터 산부인과에 와 진찰을 해보니
머리도 비어있고 가슴도 식어 있고
빈 태반만 청기와 집을 지키고 있단다
정품인 몸과 마음은 어디로 날아가고
훨훨 날아가도 좋은 비품만 남았다니
알거지로 광화문 광장에 나앉을 번했다
참으로 천만다행이지 별채 빈 창고에
피처럼 아끼던 글 일부는 조금 빼돌려

비상식량으로 준비해 두었으니 망정이지
얼음공주가 폭염을 가리며 살 듯했다

순상실주

사리판단 어려운 어릴 적 어머니 잃고
철 조금씩 나려 할 때 아버지까지도
연약한 어린 동생들 부모 노릇 하자니
하루에도 지구가 몇 바퀴씩 빙빙 돌아
독주인지도 모르고 받아 마신 순실주

아침저녁으로 울렁증 좀 가실까 해서
몇 모금씩 맛도 모르고 마시다 보니
이젠 해가 갈수록 중독이 돼버렸네요
가족, 이웃도 만나는 사람들이 무섭네
그래도 머리맡에 놓인 순실주 한잔이

얼마 전부터는 낮술 몇 잔에 취해버려
광화문 네거리에 큰 대자로 누워있는데
동네 사람 하나 둘 나와 소리를 높인다
풀린 치마끈 속의 부끄러움을 즐기듯
옆 동네 사람들도 몰려와 불구경하듯이

남녀노소 벌떼처럼 날아와 윙윙거리며
널브러진 홑치마 폭 덮어주기는커녕

마구 헤쳐가며 킥킥거리며 쑥닥거리고
분가한 동생들도 군중 틈에 끼어 구경하다
창피해 못 살겠다 이민이라도 가야겠다네

오늘의 처단

진달래 꽃불 타는
안산마루 양지 뜰
사생아의 울음소리
고삐 풀려 말 달리고

맨살로 비벼 대는
기나긴 밤 개구리 떼
피 말린 울음 속에
긴 그림자로 사리어온
등걸 밭, 쓰러진 고목

문드러진 젖꼭지 물고
잠시 숨 돋는 곁가지
냉혹한 오늘의 처단
금도끼로 내려찍을 때

끊긴 실핏줄 따라
자라목처럼 떨어져
꿈틀거리는 아린 체온
차가워진 오늘의 시간은
언제쯤 더 따스해 올까

네 눈망울에서는

이제 겨우 다섯 돌을 넘어가는 손녀
그 아빠가 두 살쯤은 더 됐을가 할 때
난 아들과 함께 대전에서 비둘기 타고
촛불 시인이 있는 덕진공원을 찾았었지
정장 차림으로 의자에 앉아 맞아주시며
고향을 노래하고 있던 신석정 시인은
"네 눈망울에서는 / 손잡고 이야기할
즐거운 나날이 오고 있다"
꼬맹이를 품에 안아보며 들려주셨어
철부지는 목가 시인 무릎 위에 앉아
곱슬머리를 손으로 펴보려고도 했어
세월은 삼십여 년을 화살처럼 꽂쳤네
불혹不惑을 앞둔 아들과 손녀 손을 잡고
가을쯤에 한 번 인사드리러 가야겠네
연꽃의 향기와 목가풍의 시향이 섞여
추억의 안개로 피어오르는 덕진공원을.

귀향시초歸鄕詩抄

아침을 새색시 마음 설렘으로 맞이해, 하루해를 아쉽게 보내면서 고맙고 감사하는 마음으로 후회 없이, 흩어짐 없이, 꼿꼿하게 교목喬木처럼 살아왔다고 말하고 싶네

남들보다 한발 앞서 가려, 한술 더 챙겨, 허기 채우려 마음먹으며 살지 않았네 아부와 질시, 교만, 비굴한 마음 숨겨 앞서는 사람 뒤꽁무니 잡고 발 걸지 않았네

산책하다 만나는 사람들의 걸음은 나 보다 훨씬 빨랐어. 남자, 여자, 노인, 젊은이도. 걸어가고 있는 앞으로 KTX처럼 바람만 휙휙 내며 번개처럼 사라져 버리었지

40년을 넘게 직장에서 만났던 수많은 사람과 가지에서 떨어져 낙엽처럼 땅 위에 굴러다니는 날, 나는 목청껏 외치리라 과거는 아름다웠고, 사람들은 고마웠노라고

살면서 쓰려다 남은 체력 다 소진하여 피붙이들과 인연도 원점으로 반납해 놓아야 하는 승천昇天의 날, 인생은 아름답고 행복했다며 미소 간직한 채 흙으로 돌아가리

삶을 시내버스에 싣고

정시보다 조금 일찍
아침을 싣고 달린 시내버스는
정류장이란 정류장은 모두
신호등이란 신호등은 모두
심지어는 타고 내릴 사람이 없어도
조금만 빨리 가면 건너갈 것 같은데
긴 숨 쉬었다가 전부 다 거치며
우리 아버지들의 팔자걸음
황소걸음을 고집하더니

환승을 하게 된 마을버스까지
한술 더 띠 초빈엔 속도를 좀 내다가
앞서가는 같은 등 번호 버스
꽁무니만 바짝 따라가며
짝퉁 인간들이 실려 가는 길
앞장선 버스가 하는 대로만
행동을 복사해 답습하려 한다
문을 열면 닫고 닫으면 열고
앞지를 방법도 눈치를 보아가며

오늘 우리가 가고 있는 길이
그대의 내일과 만나는 길이고
삶의 속도가 오늘의 가치 무게다

서천 고모님 댁에 가면

60여 년 전, 내가 코흘리개 때
자동차 구경도 하기 힘들던 시절
물과 석탄만 먹고 신나게 달리는
호기심 어린 증기기관차를 타고
광천에서 서천까지 두세 시간
또 걸어서 온 시간만큼 가면
화양면 고마리에 살고 계신
고모님 댁에 갈 수 있었지
잠자리 날개 흰 모시 적삼에
중절모를 눌러 쓰신 고모부
희경, 희두 고종사촌들 모두
모시로 만든 옷을 입고 사는

아이들이 술래잡기 놀이하는
동네 텃밭은 대부분 모시 밭
집집마다 대청마루 한쪽에는
모시 뭉치가 매달린 긴 베틀
날실은 홍두깨에 미리 감아놓고
발로 잡아당기는 쇠꼬리채에다
씨실 모시 꾸리북은 손 빠르게

좌우로 넣고 빼고 하루 종일을
옷감을 짤 때 날실이 목마르면
아낙들은 물 한 모금 입에 물고
입심으로 후하고 품어 대었지
마을마다 내일을 직조하는 오늘

고마리 이장 노 씨네 대청마루엔
아낙들이 아침 일찍 모두 모여
태모시를 한 올 한 올 쪼개 놓고
모시올 머리와 다른 올 아래쪽을
허벅지에 비벼 침 발라 다시 잇어
한 필 분량의 뭉치를 정성껏 만들며
행복한 웃음 노동 속에 스며들었지
운수가 좋은 날은 고모님 손잡고
장항이나 서천 때로는 군산 장에 가
짜장면도 얻어먹던 그리운 옛 추억
밥그릇 하나에 모시 한 필이 쏙
숨는다는 15승 세모시도 팔았어

바람 일기

여름밤 하늘의 별처럼
바람은 잠을 이루지 못한다
6·25 사변 통에
아들 잃고 딸마저 빼앗겨
화병 나서 돌아가신
우리 할머니처럼
한 곳에 머물러
자리 잡지 못한다

바람은 정이 많아
더웁혀진 가슴 속에
깃발로 펄럭이다가
고향의 짙은 냄새며
날아간 그리움의 날개깃을
쫓아나서 보기도 하고

바람은 첫정을 심어놓고
자취를 숨기어 버린
그녀의 현주소를 찾아
함석 대문도 흔들고

유리 창문도 두드려본다

역사를 한 바퀴
힘겹게 돌아온 새바람이
세상의 문들을 두드렸다
빗장을 푸세요
마음도 열어 놓으세요

내 찾아올 수 있음은
그대 만나 볼 희망이고
얼굴 마주 볼 대상이고
가슴이 식지 않았기 때문이고
보낼 자신도 있기 때문이고

친구야, 더 행복해서 미안해

명수 친구야
명이 수해야 산다
나는 멍청스럽게도
지금까지 친구가 부러웠지
자식들 다 결혼시켜 잘 살고
이제는 사모님과 대청호 별장에서
늘려온 돈으로 여생을 즐기면서 살아도
누가 뭐라 할 사람 하나 없이 행복할 거라고
그런데 어느 날 갑자기 이게 무슨 날벼락이냐
그렇게 아끼던 아내가 이승을 떠나겠다고 해서
두 손 싹싹 빌며 조금 더 같이 살아보면 안 되겠냐고.

신神도 고개 돌린 친구보다 내가 더 행복하다 생각하니
미안해

우리들의 아버지

– 펭귄이나 천축잉어처럼

1

남극의 대 빙하 위에 사는
펭귄은 암놈이 알을 낳으면
수놈이 최선을 다해 지킵니다
맹추위와 얼음 바닥 위에서
알이 새끼로 부화 될 때까지
수놈이 꼭 끌어안고 기다립니다

암놈은 먹이를 구하기 위해
바다 밑 일터에서 뱃속에 먹이를
최대로 저장한 후에 돌아오고요
한 달 이상 알을 끌어안고 있던
수놈은 추위와 눈보라 속에서
영양실조로 대부분 죽어가고요

암놈이 뱃속에서 반추한 먹이를
오직 새끼에게만 먹이는 동안에도
굶주림을 참으며 일터로 나서는 수놈
자식을 위해 모든 것 다 양보하고
수놈은 삶의 거친 파도와 싸우며
일생을 모두 바치는 우리들의 아버지

2

태평양 연안에 사는 천축잉어는
암놈이 낳은 알을 수놈이 입에 담고 부화하는 동안
아무 것도 먹을 수가 없어서 온몸이 점점 쇠약해지고
알이 부화해 새끼로 태어나면 수놈은 최후를 맞는대요

눈앞에 놓인 굶주림과 죽음이 두려웠으면
입 안에 있는 알들을 그냥 뱉으면 그만이겠지만
이 세상 우리들의 아버지는 태평양의 천축잉어처럼
오늘의 고난을 뛰어 넘는 내일의 사랑을 선택하지요

제3부

꽃신 사오셨네

연꽃

고향은 진흙탕 세상에
뿌리내려 자라왔을망정

파란 하늘이나
흐르는 개울물
통 굵은 넝쿨이나 가지도
넘나보지 않고

너무 화려하지도
아주 촌스럽지도 않게
텅 비워둔 속내
올곧은 양심의 줄기

잎을 흔들어 대는
솔바람 결 따라
수줍어 붉게 물든 볼

세월로 빈 그릇을

내가 아내를 자꾸 닮아 가는데도
사람들은 아내를 대면할 때마다
신랑을 조금씩 닮아간다고 하는데
내심, 싫을 이유는 전혀 없다
서로가 다른 길로 예까지 와서
부부로 세월을 함께 엮어 가다 보니
걸음의 보폭을 서로에 맞추며
삶의 방식들도 조금씩 섞이고
눈높이를 같이하기 시작하며
같이 밥도 먹고, 잠도 자고
얼굴 모습이나, 생각하는 것
조금씩 덧칠로 그려가는 인생

하늘과 땅의 경계선을 명확히 모르듯
부부 사이엔 굵은 실선이 없다
두 몸과 마음을 하나로 섞어
나와 절반은 닮은 새끼도 얻어
하나의 가족으로, 점선 안에서
숙명의 울타리를 쳐주기도 하고
투자한 원금이나 세월 속 이자도

결코 따지며 수판 놓으려 하지 않고
없으면 안 되는, 갈증 나지 않게
찬 공기나 맹물과도 같은 존재
부부로 일생을 함께 살아가는 일은
세월로 빈 그릇을 채워가는 작업이다

이팝나무 전설傳說

우리가 참으로 먹고살기 힘들던 시절 어머니가 흰 사기 사발의 꽁보리밥 속에다 그것도 못 먹는 사람들 볼세라 몰래 넣어주신 하얀 쌀밥을 반백년이 흐른 뒤에 다시 떠올리게 하는 눈물의 꽃을 입하 꽃이라 하는데 모내기가 한창인 늦은 봄에 때 아닌 하얀 눈꽃이 아담하게 피어있는 동양화 한 폭을 연상하게 하며 꽃이 풍성하게 피는 해에는 풍년, 적게 필 때에는 흉년이 든다고 하여 언제부턴가 가로수, 정원수로 곳곳에 심어진 한해의 풍년을 점치는 나무

옛날 마음씨 착한 며느리와 독한 시어머니가 함께 살고 있었는데 툭하면 착한 며느리를 구박 했다네 며느리는 제사에 올릴 쌀밥을 모처럼만에 지으려니 그게 그리 수월했겠나? 시어머니에게 또 트집이 잡힐까봐 뜸이 제대로 들었나 확인하려고 밥알 몇 개를 떠서 먹어보다가 글쎄 들키고 말았어 시어머니는 제사상에 올릴 쌀밥을 며느리가 먼저 다 퍼먹는다고 호통을 치며 난리법석을 떨었지 온갖 시어머니의 학대에 견디지 못한 며느리는 참 좋은 봄날

유년의 추억이 어린 뒷동산에 올라가 신혼 때의 신랑보다도 더 잘 빠진 큰 나무에 목을 매 자살을 하고 말았는데 아! 글쎄 며느리가 묻힌 무덤가에 어느 날 어린 나무가 싹터 나오더니 하루가 열흘같이 무럭무럭 자라서 모내기 철이 되자 하얀 쌀밥을 닮은 꽃을 나무 가득히 피워대기 시작 했다네 쌀밥에 한이 맺힌 착한 며느리가 불쌍하게 죽어서 환생한 나무라서 사람들은 이 나무를 이팝나무라 부르며 보릿고개에 하얀 쌀밥을 떠올리게 된다는 이야기가 있지

두릅나무의 한恨

유혹하려거든
온몸에 가시나 없던지
가시를 품었으면
유혹을 하지 말든지
가시도, 향기도 탐내고서
전생에 무슨 지은 죄罪가 많아
새순, 미래마저 몽땅 털린 채
봄만 오면 오돌오돌 살 추워

밤꽃 피는 밤

오뉴월 어스렁달밤을
헤엄쳐 나온 밤꽃 향
돌담 넘는 들고양이
청상과부 순덕이 댁
안방 창문에 곰실곰실

밤꽃은 밤에만 핀다
밤꽃향은 가시가 있다

밤새껏 뒤척이는 잠자리
짓누르던 밤파도 소리
달빛 섞인 밤향 가시로
허벅지를 콕콕 찍으며
세월 빛 촘촘히 박음질

악몽惡夢

오늘도 밤늦게 퇴근 한다
기다리다 지친 아내와 아이들 미안해
따뜻하게 살아보려다 굳어 가는
붕어빵 몇 마리 헌 신문 봉지에
잡아 엉거주춤 손에 들고
이방인처럼 살짝 현관문을 연다

베란다에서는 태어난 지
보름도 안 된 강아지가
낯익은 인기척에 아는 체한다
세상모르게 곯아떨어진 아내
누가 들고 나는지도 모르고
그 옆에는 세 살 된 아들이
온 지구는 발로 걷어차 버린 듯
천진난만한 미소로 꿈을 꾸며
장난감 총을 품안에 안고 잠들었다
유치원 1년 차, 딸아이 방에는
색종이로 오려 붙인 왕관 옆에
지상에서 하늘로 비상하려는
천사의 날개가 돋아나고 있다

이 평화로운 순간에 소름이 돋는다
연평도에다 퍼부은 포탄이
일본 열도를 뒤덮은 쓰나미가
체르노빌과 후쿠오카의 원전 사고가
또 미국 앨라배마주의 토네이도가
다시 이 보금자리를 뒤덮는다면

꽃신 사오셨네

시골 장날 고추 팔러 갔다가
꼬까신 사가지고 오신다던
자상한 삼십 초반 우리 아빠
한 많은 세월 65년 전의 약속
가슴에 묻어둔 채 꿈꾸시다가
백 살이 다 된 할아버지 되어
꿈길 따라 휠체어 타고 오셨네

오른쪽 신에는 그리움 가득
다른 한쪽에는 눈물겨운 사연
세월 섞어 꽃신 가득 담아 들고
일곱 살 꼬마가 칠십을 꺾은 딸과
가슴으로 나눈 정, 불과 이틀 뒤
남과 북으로 세월의 벽을 넘어
민들레 홀씨 되어 흩어져 버렸나

6월의 산하에는
— 비무장DMZ지대

6월의 산하에는 멧돼지와 산양, 고라니 가족들과 기러기 떼만 날고, 산 능선 따라 동의나물. 산딸기와 평야의 초지엔 크고 작은 야생초, 돼지풀, 개망초, 양지꽃. 원추리, 양지 언덕엔 할미꽃, 노랑 제비꽃, 계곡 습지에는 무당개구리 알알이, 산 복판엔 싱싱한 습지 식물들과 땅과 물 사이에 작은 생명체들이 6월의 사연을 담아 꽃으로 피어난.

갈까마기 몇 마리만 자유롭게 날고, 연어는 남북을 지나 태평양으로 음지가 된 민통선 이남에 핀 양지꽃, 꼬리조팝나무. 벚꽃, 복사나무 늪지, 건습초원, 관목 습지, 산림 습지, 유월의 총탄에 유린당한 국부엔 자궁을 지켜온 토종 생명체는 숨고 외도로 유입된 외국산 동·식물들이 외아들 바친 할머니, 새 신랑 보낸 새 새댁 가슴 밭을 글로벌화해 가고.

넋 씻김굿

정오에도 역사의 그림자는
실상보다 훨씬 길었고
자정에도 얼룩무늬 한 세대는
칠흑보다 더 짙었다

내일을 찾아 도마 위에
오늘을 뽑아 칼날처럼
가지 치듯 잘라내어
녹슨 머리는 향물 상탕에
숙물 중탕에는 가슴이
손과 발은 청계수 하탕에
다시 씻고 빨아
향내마저 풍겨오고

황 촛불 밝혀 놓고
산 넋을 부르는 피리 소리
이승을 떠돌던 슬픈 영혼
갈 길 찾아 흰 무명천 위에
산지사방에서 모여들고

에라 만수 에라 대신
이승에서 얻은 한恨은
예서 모두 풀어놓고
차려진 제물 맘껏 흠향하시고
닦아 놓은 새 길로
왕생극락하시구려

이건 아니다
– 캄보디아 시엠립 공항에서

요즈음 같은 세상에도 캄보디아
시엠립 국제공항을 널널이 통과하려면
급행료를 지어 즉효 약으로 먹여야 한다
비자 발급비 20불에다 5불만 언져주면
아무 짐이나 몸 검사도 통 받지 않고
VIP가 되어 손을 흔들며 나갈 수 있다

우리가 아주 어렸을 때
반백 년 전 살기 참 힘들었을 때
미군 지프차 꽁무니를 마냥 쫓아가며
초콜릿과 껌 한 쪽을 매연 속에 말아
던져주면 나가떨어지던 아픈 기억이
앙코르와뜨 곳곳에서 되살아난다

원 달라만, 1달라만, 천원만........
썩은 생선 주위에 맴도는 쉬파리
벌떼처럼 몰려드는 거미손들을 보면
과거와 현재의 그 누가 동심의 미래를
내팽개쳐 놓고 현실의 숲에 숨었는지
아려오는 가슴을 또 다시 삭혀야한다

요즈음도 유네스코가 지정해놓은
세계적 유산을 별 탈 없이 답사하고
귀국하려면 공항 경찰과 이유 없는
눈싸움을 해야 비행기에 오를 수 있다
여권을 한참 살피다 옆에 제처 놓고
고무판 밑에 수북이 쌓인 US 달라를
볼펜으로 짚으며 뭐라고 중얼거린다

우리도 한 때는 급한 사람 잡아놓고
점심을 걸렀으니 라면값을 달라고
고개 쳐들고 요구하던 교통경찰이
선망의 대상이던 시절이 있었는데
고물자를 직수입해다 잘도 써먹고 있다
천년의 신비, 앙코르와트가 소리 없이
가슴팍에 스르르 무너져 내리고 있다

바보 컴퓨터처럼

낡은 신랑은 회갑이 막 지났고
늙은 각시는 곧 코에 닥쳤다
그럭저럭 결혼해 부부생활
짧다면 짧고 길다면 긴
사십여 년을 함께 살아오면서
아직도 신혼 초라 속고 있는
우리 중년 부부에겐 서로를 부르는
마땅한 호칭도 아직 없다
사랑한다는 그 흔한 싸구려 말이나
여봉— 하는 코맹맹이 소리로
닭살을 돋게 해본 적이 별로 없다
상대가 보이는 인근 거리에서는
눈길이나 몸짓만 살펴도 답이 나오고
사람 속에서 콕 찍어내기 어렵거나
설혹 가시광선 안에 들지 못한다 해도
나는 큰 딸 이름 "새해야"하고
아내는 아들 이름 "가람아"하면
바보 컴퓨터처럼 인식해 불이 들어온다

계룡산. 1

– 역사의 발원

영산 백두에서 기지개를 켜자
발끝은 소백산으로 쭉쭉 뻗다
무릎 속리산을 뛰어 넘어, 한라
뒤돌아보니 이웃사촌 대둔산
계룡산에 멈춰 산태극을 그리며
수태극과 만나 천지 음양의 이치
하늘과 땅 화합해 산천을 빚고
신비한 그대, 영산 계룡산이네

숫용추 물줄기 암용추에 꽂히여
두계천을 잉태하며 갑천을 낳고
충북, 영동, 옥천에서 섞여진 물
신탄진에서 가족 만나 비단강에
계룡산 북쪽을 빙 휘돌아 나와서
웅진, 사비, 갱개미 어깨동무하고
서해에 모여 인도양, 태평양으로
산, 강의 덕이 합해 역사의 발원

계룡산.2

– 매운 서울, 신도辛都

백두대간에서 분가한 자자손들은
금남정맥의 북쪽 끝에 터를 잡고
할아버지 격인 덕유산을 굽어보네
계룡의 닭 계자는 양陽이며,
산룡은 음陰이며 물을 뜻한다지
용이 닭 벼슬을 쓴 듯한 계룡산
몸을 돌려 조상을 돌아보고 있는
효심의 땅, 회룡고조의 자세로
덕유산, 운장산, 물살 끌어안고
충청의 젖줄 비단강 맘껏 펼쳐
춘하추동으로 쭉 깔아 놓았으니

임금 제帝자의 주봉은 천황봉
금계산은 청룡이 되어 비상하고
일용산은 백호로 변신해 달리지
일찍이 황제의 수도라 이름 붙여
제도帝都라 부르기도 했지만
삼국통일 때 우리 땅을 찾았던
당나라 장수 설인귀라는 잡배는
이곳이 부러워 배가 아팠던지

이 작은 나라에 무슨 황제냐고
산의 양쪽에서 획 하나씩을 떼내
매운 서울, 신도辛都라 했다지

계룡산.3

– 이끼 속에 숨겨진 참언

연천봉에 현존하는 등운암을
정씨를 누른다는 의미에 맞춰
민비는 압정사라 고쳐 놓았지
계룡의 9봉 중 연천봉의 바위
이끼 속에 숨겨 있는 참언에는
희미한 方百馬角 口或禾生
방백마각 구혹화생이라 읽고
방方은 네모이니 4이란 뜻
마馬는 우牛자로 보면 80
각角은 뿔이니 둘로 풀리며
구혹口或은 국國자가 되고
화생禾生은 이移자의 고어
사백팔십이국이四百八十二國移
이끼 속의 참언을 쉽게 풀어보니
조선이 탄생하여 일제에 빼앗긴
순종 임금이 태어난 해 1874년
조선 창건 후 482년이 되는 해에
망한다 예언했는데 518년 만에
일제에 수탈당하니 36년의 차이
연천봉의 참언에 숨겨온 수치네

계룡산.4
– 조선조 500년 설

계룡산의 돌이 하얗게 물들고
논산 상월면에 배가 드나들 때
도읍이 여기에 들어선다고 해서
임진란 이후 인심은 흉흉해지고
류성룡은 징비록을 써 배포하여
민심을 수습하며, 정감록을 공개
신도안은 8백 년 도읍지이고
정 도령이 나와 도읍을 삼는다
정감록에 숨겨온 신비한 예언도
실제로 넘겨준 수도는 한양이고

조선 건국 후 이 씨는 망하고
정씨가 흥하여 도읍지가 된다는
알듯 모를 듯 신비한 정감록은
울림으로만, 마음속에 머물며
참언과 사건은 계속 꼬리를 물고
조선 선조 때 정여립의 모반사건
이용신의 계룡 천도 상소 사건
인조 때 유효립의 계룡 천도설
성조 시 홍복영의 정감록 옥사
줄줄이 이어진 매운 사탕처럼

계룡산.5
– 십대사찰 동학사

사찰 경내로 정숙하게 들어서면
신라, 고려, 조선의 충신들이 모두
동계사, 숙모전, 삼은각에 모였네
인질인 왕의 동생 미사흔을
구출하고 일본에서 순절한 충신
박제상의 제사를 지내던 동계사
세조에 의해 희생된 사육신과 단종
280여 명의 초혼제를 지내던 곳
지금까지 이어 오는 숙모전
고려말의 길재가 공민왕과
정몽주를 제사 지낸 삼은각

갑사와 등짝만 맞대며 살아온
상원조사의 전설이 얽힌 남매탑
절의 동쪽 학 모양 바위에서
이름 붙여진 동학사는 청량사
신라 성덕왕 23년에 건립한
화엄종 십 대 사찰 중 하나였지
재난과 한국전쟁을 버티면서
가장 오래된 비구니의 강원으로

어찌 된 사연인지 일주문 대신에
충의와 절개를 기리려 해서인지
홍살문만 우뚝 솟아 있더니만.

계룡산.6
– 가을 갑사

느티나무 숲길 깊숙한
계룡산 서북쪽 기슭에
하늘과 땅과 사람 가운데서
가장 으뜸가는 사찰, 갑사
의병장인 서산, 사명
영규대사를 모신 표충원
선조 때 주조된 천근의 동
28마디의 원통 철 당간지주
31개의 월인석보 판목
용문폭포를 따라 오르자
갑사의 부속 암자 신흥암에는
석가여래 진신사리를 모신
천진보탑만 눈에 들어오고
가끔은 영롱한 빛만을
영산의 정기로 내뿜는다
이태조와 무학대사의 꿈이
곱게 잠들어 있는 신원사에는
신라 시대부터 오악에 제사 지내다
조선조에 와서도 한해에 두 차례
상악단은 묘향산, 하악단은 지리산에

이태조가 계룡산 산신제를 올린
중악단이 자리하고 있는 명찰

제4부

스님은 행복도시로 내려갔지

民譚.11

– 황금 돌을 뽑아버린 거지

사람이면 다 사람인가
사람다워야 사람이지
돌이면 다 돌덩이인가
황금 박힌 돌도 돌인데

신 이솝 이야기 좀 하나 할까요
목욕탕 앞엔 큰 돌덩이가 박혀 있어요
사람들이 그 돌에 걸려 넘어지곤 했지요
선비, 관리, 평민, 도둑과 사기꾼까지
발을 다치기도, 코와 얼굴이 깨지기도
"에잇 암 덩이 같은 그놈의 돌덩이"
사람들은 황금 박힌 돌을 욕 하면서도
아무도 그 돌을 치울 생각은 안 했지요

누가 저 돌을 뽑아 치우는가 보자
사람들은 돌에 걸려 넘어지면서도
하나같이 황금 보기를 돌같이 했지요
어느 날 한 거지가 목욕하러 왔어요
황금 돌에 걸려 넘어질 번한 거지는
온 힘을 다해 그 돌을 뽑아버리고

손과 발, 가슴과 머리의 흙을 털며
깨끗한 목욕탕 안으로 들어갔지요

벌거숭이들은 슬슬 피하기 시작
어린 이솝은 그들에 소리쳤지요
사람이라곤 한 명 밖에 없습니다
사람다운 사람 단 한 명 있어요
황금 돌 뽑아버린, 옷 입은 한 분.

民譚.12

– 가짜 아버지들만 온 세상에

한 농부가 산밭을 파 일구다가
땡그랑 그릇 부딛는 소리가 나서
깊게 파보니 큰 항아리가 나왔어
빈 항아리를 가져다 뒤꼍에 놓고
들고 다니던 괭이를 넣어 두었지
항아리 안의 괭이를 꺼냈는데도
또 한 자루가 그대로 남아있었지
괭이를 또 다시 꺼내 보았더니
항아리 안에 똑같은 괭이가 또
야, 이것 참 신기한 항아리로군
엽전 한 닢을 넣었다 꺼내보니
똑같이 또 한 닢이 들어 있었어
옷을 넣었다 꺼내면 똑같은 옷이
무엇이든지 넣었다 꺼내면 똑같이
이 소문이 세상에 퍼지고 퍼져서
욕심쟁이 영감의 귀에까지 갔지
찾아와 그 항아리는 내 것이라네
농부가 어안이 벙벙해 말을 못하니
그 밭을 언제 누구한테서 샀는가
십 년 전에 영감님한테서 샀지요

그 보게나 항아리는 원래 내 것일세
밭만 팔고 항아리는 팔지 않았거든
달라느니 안 된다느니 옥신각신하다
원님에 찾아가 재판을 받기로 했어
원님도 그 항아리에 욕심이 생겼어.
항아리만 가지면 임금님도 안부럽지
고심 끝에 원님이 판결을 내리는데
항아리를 반으로 나누는 게 공평하다
하지만 깨져서 못 쓰게 되지 않겠나
이 항아리를 나라에 바치도록 하여라
농부와 욕심쟁이는 빈손으로 돌아갔고
빈 항아리는 원님 집으로 가져갔지
치매를 앓고 있던 원님 아버지가
항아리 속을 들여다보다 빠졌네
아범아 날 좀 세상 속으로 꺼내 다오
아버지까지 왜. 유혹에 빠지셨나요
아버지를 꺼내니 항아리 안에서 또
원님이시여, 아범아. 나 좀 꺼내 다오
항아리 속엔 아버지가 또 한 분이
아버지를 꺼내 놓으면 항아리엔 또

자꾸자꾸 꺼내도 짝퉁 원님 아버지만
항아리 표 아버지끼리 싸움이 부텄구나
썩 물러 꺼라. 내가 진짜 원님 아버지다
짝퉁은 물러가라 내가 진짜 명품이다
서로가 밀고 당기며 엎치락뒤치락하다가
유혹의 항아리는 와장창 산산조각이 나고
가짜 아버지들만 온 세상에 득실거리네.

民譚.13

– 얼어붙은 호랑이 꼬리

산골 부호인 호랑이가 토끼에 갑질을 한다
배가 고프니 을인 너를 잡아먹고야 말겠다
마침 떡을 구워 먹으려고 할 때 오셨네요
호랑이가 그 말을 듣고 떡 욕심이 났거든
떡 먹고 토끼까지 잡아먹으면 금상첨화지
이왕에 들켰으니 할 수 없지요. 따라 오세요
토끼는 호랑이를 잘 모시고 자갈밭에 갔지
떡 모양의 자갈 열한 개를 주워 불에 달구며
꿀을 구해올 테니 떡이 잘 구워지나 보세요
딱 열 개니까 하나라도 미리 먹으면 안 돼요
호랑이는 군침을 삼키면서 떡을 세어 봤어
세어보니 열한 개, 다시 세어 봐도 틀림없네
멍청한 토끼 녀석. 열한 개를 열 개로 세었네
그렇다면 내가 한 개를 몰래 먹어도 알 리 없지
호랑이는 토끼가 오기 전에 먹어치울 셈으로
입속에 꿀꺽 삼키고 뜨거워 펄펄 뛰었다네
뱃속이 불붙어 며칠 동안 고생하던 호랑이는
며칠 뒤에 기운을 차린 후 또 토끼를 만났지

지난번에는 나를 속였지만 이번에는 어림없지

참새 잡으러 가는 길을 어떻게 알고 오셨나요
참새 잡는다는 말에 호랑이는 귀가 솔깃했지
참새와 토끼까지도 다 잡아먹으면 배부르겠지
내가 참새를 몰 테니 가시덤불 속으로 들어가
호형은 눈 딱 감고 입만 벌리시면 만사 오케이
참새가 입속으로 숨어오면 꿀꺽꿀꺽 삼키세요
호랑이는 가시덤불에서 입만 딱 벌리고 있었지
토끼는 가시덤불 둘레를 돌면서 불을 붙였어
마른 가시덤불이 타닥타닥 타 들어오는 데
호랑이는 그 소리가 새의 날개짓으로 알았지
몸에 불이 붙는데도 눈은 감고 입만 벌린 채
털만 새까맣게 태운 호랑이는 불길을 빠져나
며칠 동안 끙끙 앓고 있다가 정신을 차리고

숲속에 먹이를 찾아 나왔다 토끼를 또 만났네
두 번이나 날 속이다니. 당장 잡아먹고 말테다
마침 물고기 잡으려 가려 할 때 호형이 왔네요
호랑이는 물고기를 잡는다는 말에 귀가 쫑긋
물고기 잡는 데는 긴 꼬리 낚시가 제일이지만
내 꼬리는 짧고, 호형 꼬리가 안성맞춤이네요

저 개울에 꼬리를 담고 얼마 동안 기다리면
물고기가 주렁주렁 매달려 올라올 테니까요
물고기와 토기를 다 잡아먹으면 일거양득이네
호랑이는 꼬리를 물속에 담고 한참을 기다렸지
물고기가 죽죽 매달렸을 거라며 꼬리를 당기네
냇물에 꽁꽁 얼어붙은 꼬리는 꼼짝도 하지 않네

民 譚. 14
– 밥이 오래 되면 똥이 된다고

우리 도령님이 과거 보러 한양으로 가는데
밥은 혼자 먹고 마부인 나는 한술도 안 줘서
도령님, 저도 사람이라 배가 고파 죽겠네요
양반 배가 고프면 상놈 배도 고프다더냐?
말안장 밑 광주리의 밥을 반쯤은 몰래 퍼 먹고
살아온 세월의 생똥을 다 싸 채워 넣어 놓았지
도령님, 어서 남은 똥 진지 퍼 드시지오
밥이 오래 되면 똥이 된다고 하지 않았습니까

도령이 엽전 몇 개를 던지며 떡을 사 오라네
떡을 사다 주면 주인 혼자 먹을 게 뻔하거든
떡을 사서 이 손으로 뒤적뒤적 만지작거렸지
도령이 이놈아, 왜 더럽게 떡을 주물럭거리냐
제 머리가 가려워서 긁적대다 이가 빠졌네요
에끼, 너나 그 더러운 떡 싫건 처먹어라
맛 좋은 떡은 나 혼자 차지하고 말았네요

도령이 엽전 몇 닙 던지며 술을 사 오라네
술을 사 오면 저 혼자 다 마셔버릴게 뻔하지
술을 사가지고 오면서 손가락을 넣었다 뺐다

주인이 이놈아, 더럽게스리 그 무슨 짓이냐
콧물이 떨어져서 그걸 건져 내려고 그랬네요
너나 그 더러운 술 다 쳐마셔라
술은 나 혼자 다 마셔버렸지요

말을 잘 지키라며 도령만 밥을 먹으러 갔네
마침 나무장수가 헐떡거리며 앞을 지나가네
말고삐를 내주며 이 말에 나무를 싣고 가시오
주인이 밥을 다 먹고 주막 밖으로 나와 보니
말은 없고 나는 빈 줄만 잡고 서 있었지요
말은 어디에 두고 빈 줄만 잡고 서 있느냐

화가 머리끝까지 난 우리 집 도령님이
나를 집으로 돌려보내며 등짝에다 글자로
이놈은 주인 먹을 것을 다 가로채 먹고
말까지 팔아 쳐드셨으니 즉시 없애버려라
집으로 돌아가던 중에 한 스님을 만났지
제 등에 쓰인 글자 좀 읽어 주십시오
스님이 등에 쓰인 글자를 읽어 가는데
들어보니 집에 도착하면 죽을 판이네

스님, 불쌍한 저 좀 살려 주십시오
배가 고파 도련님 밥을 조금 나눠 먹고
떡과 술의 유혹을 꾀 좀 부려 차지했고
나무장수가 너무 불쌍해 말을 내준 죄로
나를 죽여 없애라 하는 악질 주인이지요

스님은 나의 등에 쓴 글을 말끔히 지우고
이 사람 덕분으로 과거에 급제 하였으니
돌아가는 대로 누이동생과 혼사를 맺고
논 몇 마지기 떼어 줘 새집에 살게하라
등에 쓴 글자를 보여주니 종중회의 끝에
만사 오케이 내 소원 그대로 들어주었어
도령이 과거에 낙방하고 돌아와 보니까
이 세상은 하늘천 따지, 감을현 누루황.

民 譚.15

– 고삿섬에는 고삿돌로

이제나 그제나 입이 많으면 뻔하지, 뭐
가랑이가 찢어지도록 가난한 집이 태반
온 식구가 등뼈 휘어지도록 일을 해봤자
입에 풀칠하기도 어렵게 사는 사람들만
농사를 뼈 빠지도록 지어봤자 지주며
고을 나리들께서 세금으로 다 쓸어가고
쭉정 벼 몇 말 밖에 남는 게 뭐 있겠어
끼니 때우기도 바쁜데 재산은 무슨 수로
우리 집엔 아홉째 아홉 살 동생이 있었어
하루는 집안 식구들이 다 모인 앞에서
내일 부터는 누구든지 외출 후 올 때는
돌덩이 하나라도 수입 잡아오도록 해요
티끌이라도 모아 태산을 쌓아 보아요
좋은 생각이라 믿고 모두 약속을 지켰지
외출 후 들어올 때 빈손 식구는 없었지만
밖에서 찾아본들 뭐 쓸 만한 게 있어야지
그저 죽어라 흔해빠진 돌팍만 주어 모았지
들일을 나갔다가도 들돌 하나 주어 오고
나무하러 갔다가도 산돌 하나 주워 오고
우리 집은 돌무더기가 태산처럼 쌓여갔어

누군가 주어온 돌팍엔 황금돌이 섞여 있고
누구도 돌무덤에 황금돌이 섞여있을 줄이야
그걸 돌무더기 맨 위에다 턱 올려놓고서도
돌멩이인줄만 알았지 황금 돌 신분일 줄이야
우리 동네엔 노랭이 지주 영감이 살았지
인근 소작농 논밭이 모두 이 영감 소유였어
봄과 여름을 베짱이처럼 살아도 가을만 되면
소작인들은 추수한 걸 반 넘게 갖다 바쳤지
어느 날 영감이 돌무덤 앞을 지나가다보니
돌무덤 위에 황금 돌 하나가 번쩍번쩍하거든
바보 같은 맹씨네가 황금 돌을 돌무덤 위에
쌀 천석 값도 넘겠는데 돌멩이로만 아는구나
욕심쟁이 영감이 우리 집으로 와서 은근슬쩍
돌덩이를 무엇에 쓰려고 저렇게 쌓아 놓았나
아홉 째 아홉 살 배기 동생이 선뜩 나서서
없이 살다보니 뭐든 가져보는 게 꿈이었지요
돈 대신 돌이라도 모아 보자는 뜻에서였어요
센스가 백 단인 영감이 동생을 슬슬 구슬려보네
이 돌무덤을 돈으로 치면 쌀 몇 말 값이 되겠나
내가 돌담이라도 치려하니 쌀 백석하고 바꿀까

돌무덤을 쌀 백석과 바꾸자는데 누가 마다해
돌을 쌀과 교환 한다는 증서라도 남겨둡시다
황금이 굴러 들어오는데 무슨 약속을 못하겠어
문서에 도장을 찍고 증인도 세웠단 말이지
막돌무더기와 쌀 백 석을 맞바꾸게 되는 날
노랭이 지주 영감이 재빨리 두뇌를 돌려보니
황금 돌 값이 줄잡아 쌀 천석과도 맞먹을테니
쌀 백석을 주고 구백 석은 손 안대고 코 푸네
식구들 모두 지게로 쌀 백 석을 옮기려 갔지
노적가리 맨 위의 쌀가마는 고삿섬이니 안되
곡식 중 최고의 가마니는 맨 위에다 올려놓고
고사 지낼 때 쓰는 쌀가마를 고삿섬이라 했지
어떡해, 맨 위의 쌀가마 하나는 내려놓아야지
지주 영감이 돌무더기를 실어갈 차례가 됐어
하인들이 수레에 돌무덤을 헐어 실으려 할 때
아홉 살 배기가 재빨리 돌무더기 위에 올라가
고삿섬 하나 값, 고삿돌도 하나 내려 놓아요
맨 위에 놓인 황금 돌 하나를 땅에 내려놓았지
그 돌 하나 때문에 쌀 백석을 선뜻 내줬는데
얘야 다른 돌덩이를 고삿돌로 쓰면 안 되겠냐

영감님도 고삿섬으로 맨 위의 것을 제하셨지요
우리도 맨 위의 돌을 고삿돌로 써야 공평하지요
영감님은 막돌덩이만 할 수 없이 싣고 갔지
우리 집은 쌀 백 석에다 황금 돌까지 갖게 됐네요
그때 아홉 살배기는 아흔 아홉 살까지만 살았지.

民譚.16

– 거시기 마을엔 모르쇠

거시기 마을에 모르쇠란 사람이 살았지
볼 수는 없는데 땅에 떨어진 개털까지도
들을 수도 없지만 개미 사랑하는 소리도
코가 막혔으나 쓴맛 단맛 시고 매운맛도
말은 못해도 말눈치는 떨어지는 폭포수
저는 다리로 아들·딸 구 남매를 키웠고
집은 낡고 헐었어도 백마를 타고 다녔지
말 색깔이 숯섬에 먹칠한 것 같은데다가
자루도 날도 없는 낫을 허리에 항시 차고
산에 들어가 풀을 베니 양지엔 눈이 열자
무성한 풀이 응달에는 키 넘을 정도였지
낫으로 풀을 베려 하니 큰 뱀이 나타나
머리·몸통·꼬리도 없이 보일락말락 하더니
갑자기 덤벼들어 들고 있던 낫을 물었으니
낫이 퉁퉁 부어 거북등처럼 부풀어 올랐네
모르쇠는 어쩔 줄을 몰라서 달려 내려오다
곱게 단장한 채 검은 장삼을 확 걸치고
모르쇠 앞을 지나가던 여승을 만났는데
낫에 대한 이야기 후 고쳐 줄 것을 원하니
여승은 몸을 뒤로 제껴 한쪽 손을 허리에
다른 한 손으로 긴 수염을 쓰다듬으면서

그건 어렵지 않으니 시키는 대로 해 보게
아궁이와 불 지핀 적이 없는 굴뚝의 꺼멍과
바람둥이 카사노바의 피다 멈춘 바람끼와
행수기생의 더럽힌 일이 없는 거시기와
글 읽을 때 고개를 끄덕이지 않는 선비와
이를 잡을 때 입을 삐죽이지 않는 노승과
이 다섯 가지 이유를 비벼 넣어 만든 약을
낫에 바르면 지체 없이 민낯으로 오리라
모르쇠는 바로 안심하고 마을로 내려오니
길가에 종이도 바르지 않은 대설기가 있어
동동주를 열 말쯤이나 독에 담아 놓아놓고
신발짝으로 퍼마시니 얼마 후 취해 버렸네
위를 보니 감나무에 석류가 주렁주렁 열려
두 손으로 땅을 짚고 크게 한 번 힘을 주니
석류가 순간에 와당탕 하늘로 비껴서 날고
썩어 잡을 수가 없어도 모르쇠는 죄다 주워
벗 없는 마을로 가 친구들과 포식을 했으니
장차 죽으려 해도 죽을 수가 없는 노릇이고
살려 해도 살 수도 없는 오늘의 과제들이니
앞으로 어찌 풀어가야 할지 아무도 모르네.

民 譚. 17
– 냄새 값

가난뱅이로 가는 지름길은 쌀이 생기면 굶주린 사람에게, 옷이 생기면 헐벗은 사람에게 재물이 되는 것은 내 친구 이창덕 신부님처럼 입은 옷까지 남에게 아낌없이 모두 줘서 그래

부자가 되려면 남의 것도 나한테 들어온 것은 모두 내 것, 이웃집에서 빌린 연장도, 꾸어 쓴 돈도, 담 넘은 감도, 모이 찾다가 내 집으로 들어와 잡아 놓은 옆집 씨암탉 까지도 내 것

가난뱅이가 밭일을 마치고 늦게서야 집으로 돌아오는데 이웃인 부잣집에서 생선 굽는 냄새가 어찌나 회를 동하던지 부잣집 담벼락 틈에 코를 대고 냄새 좀 빌려 맡고 있었지

부자는 도둑이라도 잡은 듯 아무리 냄새지만 함부로 맡다니 남의 집 냄새를 공짜로 맡는 법이 어디 있느냐 하고, 가난뱅이는 부잣집 냄새 맡는데도 값을 치러야 한단 말이냐 하고

세상에 공짜가 어디 있나, 시장에 가서 열 냥 주고 사 온 생선인데 냄새를 맡았서도 반 이 상은 맡았을 터이니 닷 냥만 내게나. 내일까지 기한을 넘기면 이자까지 함께 물어야하네

이 말을 들은 아내는 넋 나간 사람처럼 앉아 있는데 아들이 냄새 값을 어떻게 하겠냐고 물었지, 아버지가 말하기를 할아버지 제사상 차리려고 모아 놓은 돈 닷 냥이 있기는 하다마는

날이 밝자 아들이 돈 닷 냥을 가지고 이웃 사람들을 불러 모아서 부잣집으로 함께 가, 냄새 값을 가지고 왔다며 큰 소리로 떠나가게 외치니 부자가 반갑게 나와 돈을 챙기려 했지

아들은 돈을 손 안에 넣은 채 상하로 살랑살랑 흔들며 엽전 소리만 짤강짤강 내고나서 돈 소리 들으셨지요? 부자는 돈을 가지고 왔으면 내놓지 않고 무슨 짓이냐며 화를 버럭 냈지

아버지가 생선 맛을 보기는커녕 냄새만 맡은 생선 값이니 그 값도 소리로만 쳐 드리는 것이 당연하지 않습니까? 부자는 왕눈을 크게 뜨고 귀만 후비다가 입맛만 쩍쩍 다시고 말았지.

民譚.18

– 장산곶 매 이야기

십 년 장마와 가뭄에도 끄떡없이
황해 바다를 지키며 굳세게 살아온
장산곶 매는 약한 동물들을 돌보며
뭍과 바다, 산을 무대로 살았지요
사냥 전날은 둥지에 부리질을 하는
소리가 온 마을에 크게 울려 퍼지고
들판은 풍년에다 바다는 조기 떼로
총각들은 장가를, 애가 없는 부부는
애를 낳는 행운이 찾아 왔다 해요.

그러던 어느 날 밤 수리가 높이 떠
작은 새들이 공포에 떨고 있을 때
수리의 날개 밑에 장산곶 매가 들어
날갯죽지를 마구 쪼아대기도 하고
바다 건너 침략해온 큰 먹구렁이를
수백 발이 넘는 먹구렁이의 허리를
쪼아대는 소리가 승리의 북소리로
캄캄한 밤하늘엔 봉홧불도 달리고
이 물패는 저 넓은 들로 내어닫고

천년 바다의 자존심을 지키기 위한
장산곶 매의 위대하고 치열한 삶터
용맹과 의로운 희생정신, 그 기백
기쁨과 환희의 가슴이 뛰놀던 어제
그러던 어느 날 봄을 맞으려던 저녁
10년 버려둔 먹구렁이와 수리 떼가
이무기가 돼 하늘을 물고 내려왔나
날쌘 장산곶 매가 쥐도 새도 모르게
물속으로 날개를 접고 추락했어요.

두 동강난 천안함의 양쪽 날개에는
남편, 아들, 형, 동생, 조카, 친구들이
하늘로 비상할 자세로 누워 있었다.

民 譚. 19

– 스님은 행복도시로 내려갔지

시장에서 만난 불자가 스님에 물었다
스님의 바랑에는 무엇이 들어있나요
개고기 좀 삶아 먹으려고 사서 넣었지
아니, 스님께서도 개고기를 드시나요
고기를 먹고 싶어서가 아니네 절에 술이 있어
술안주로 좀 하려고 조금만 샀다네
그럼 스님께서는 술도 드시나요
중이야 술을 안 먹지만 손님 대접은 해야지
어떤 손님이신지 귀한 분이 오셨나 보군요
귀하다마다. 오랜만에 장인이 오셨다네
아니, 스님의 장인이라고 하셨습니까
장인뿐인 줄 아나 장모도 함께 와 있다네
스님의 장인과 장모가 오신 게 정말입니까
절에 좀 시끄러운 일이 있어 찾아오셨지
산중의 절에도 시끄러운 일이 있나요
마누라하고 첩하고 싸움이 붙었지 뭔가
장인 장모가 담판을 내겠다고 찾아 왔지
개고기, 술, 장인 장모, 마누라, 첩이라고요
이 사람아, 누가 첫째 첩 가지고 그러는가
얼마 전에 얻은 둘째 첩이 또 말썽 부리네

지금도 대판으로 싸우고 있을지 모르니
나는 세종, 행복도시로 내려 가봐야겠네.

조상을 만날 수 있는 성지
– 갠지스강.3

인도의 힌두교도들이 살거나 죽어서
갠지스강을 짝사랑하는 속내 마음은
나를 이 땅에 존재할 수 있게 해준
그 수많은 조상을 만날 수 있는 성지
갠지스강은 물만 흐르는 강이 아니다
역사 속에 숨 쉬고 있는 삶의 공간이다

인도의 신화를 창조하는 수행자들은
성지순례를 꿈꾸며 일생에 꼭 한번은
힌두교 경전 베다에 기록된 그대로
갠지스강 신에 몸을 맡기는 것이 소원
살아서 갠지스강에 몸을 담지 못하면
자식들은 죽은 부모의 시신을 화장해
갠지스강에 띄워 영생을 기원하며 산다

힌두교 축제 쿰 멜라
– 갠지스강.5

과거의 죽음, 현재의 삶, 미래의 생명이 공존한
몇 시간을 달려 일몰의 갠지스강에 도착했다
하루도 거르지 않고 행해지는 힌두교 종교 의식
아르띠뿌자 의식을 보려고, 자전거 릭샤를 타고

차 경적에 귀가 따갑고, 역주행하는 차, 인력거
거리 한복판을 점령해 쓰레기통을 뒤지는 소 떼
언제 어디서 한 번도 보지 못한 혼돈의 거리를
산 사람은 걸어서, 죽은 사람은 트럭에 실려 오고

힌두교 축제인 쿰멜라에 참가한 순례자들이
석양에 조금씩 물드는 갠지스에 몸을 씻고 있다
강의 물줄기가 파괴의 신 〈시바신〉의 머리에서
흘러왔다 믿으며 성수에 속세의 죄를 씻고 있다

모든 이들의 어머니Ganga Ma
– 갠지스강.6

산 것들이나 죽은 이나
이 세상의 모든 만물이
손잡고 흐르는 갠지스강
힌두 문명의 붉은 발상지
속세의 죄를 씻어준다 믿으며
새벽마다 순례자들이 몰려온다

강물에 이승의 죄가 씻겨나가
윤회의 업에서 벗어나길 기원하며
천상의 세계에 살아 있는
차가운 강물에 몸을 맡긴다
남자들은 주요 부분만 살짝 가리고
여자들은 옷 입은 채 그대로
아이들은 발가숭이 그대로

어제를 살던 사람들의 삶
그 흔적을 소멸시키고
어제를 살다간 사람들이
새 생명으로 탄생하길 기원하며
어제보다 더 희망찬 미래를

기다리며 사는 사람들에게
갠지스강은 몸을 닮아가며
삶과 함께하는 생명이고 종교다

꽃 파는 아이들

– 갠지스강.7

강을 따라 만들어 놓은 가트 위에는
곳곳에서 온 수행자들로 인산인해다
주황색 옷 한 벌에 지팡이 하나에다
산발한 머리에 긴 수염, 검붉은 몸통
힌두교의 가르침을 전달하는 사두들
사람들과 소, 개도 동무해 하나 되고
아예 어린아이들까지 안고 다니면서
먹거리를 구걸하며 노숙하는 여인들
1달라를 공짜로 버는 기막힌 방법으로
반갑다 헛 악수를 청하는 멀쩡한 청년

꽃을 파는 여러 아이들이 쫓아 붙는다
빨깡 노란 꽃과 작은 초를 큰 나뭇잎에
담아 가지고 다니며 사 달라 애원 한다
힌두교 인들은 대부분 꽃과 초로 만든
디아에 불을 붙여 갠지스강에 띄운다
힌두교 인의 삶 자체는 고통이라 가르친다
다시 태어나지 않는 상태가 최고의 경지다
작고 소박한 불꽃은 물결을 따라서
점점 멀어져간다 소원은 이루어질까?
갠지스강에는 염원의 불빛만 가물가물

뿌자의식

– 갠지스강.8

힌두 제사 의식 뿌자를 보기 위해
조그마한 보트에 올라 노를 젓는다
뿌자는 신들에게 바치는 제사로
아르띠Arti 뿌자Puja에서 왔고
5번의 예식이 2시간 정도 치러진다
의미는 아르띠는 불을, 뿌자는
정화와 해탈을 의미하는 힌두의식
신에게 드리는 제식을 뿌자라한다

갠지스강 위의 하늘에서 물속까지
석양의 여운이 조용히 물들어 간다
삶과 죽음의 경계를 어둠에 가르듯
하루해도 고통 없이 점점 사라진다
강물에 온몸을 담가 놓고 때를 빼던
힌두교도들이 기도를 올리고 있다
여운의 빛에 물든 갠지스강 물결도
어둠의 포장을 시나브로 덮어간다

힌두교 성지, 바라나시

– 북인도.9

신神의 나라 인도
모든 동물도 다 신이다
소 돼지는 물론 개 원숭이 쥐까지도
신의 숫자가 수천수만인 나라
거리 곳곳이 템플이요
집집마다 신상을 모시며 산다

소와 개는 물론 염소, 원숭이
공작새와 돼지들도 모두 형제다
길거리는 물론 집 대문까지
질퍽한 소똥이 널 부려져 있어도
쓰레기더미가 곳곳에 버려져
산이 되어도 전혀 신경 쓰지 않는다.

동네 골목에서 쓰레기통 뒤지던
소 패밀리가 도로에 소풍 나와
바닥에 일렬로 누워 있어도
오토바이와 관광버스, 대형 트럭까지
조심조심 비껴가는 소의 천국이
인도의 바라나시 거리 풍경이다

각 곳에서 온 수많은 순례자들이
차의 역주행과 소의 휴식 공간인
힌두인의 성지를 맨발로 걷는다
며칠만 이곳에서 함께 살다 보면
노상 방뇨도 자연스럽게 학습되어
담벼락을 바라보며 줄을 쭉 서 있다.

전생의 업業 때문에

– 북인도. 10

시바신이 인간을 낳았는데
브라만(사제)은 신의 머리에서
크샤트리아(왕족/무사)는 가슴에서
바이샤(농민/상인)는 배꼽 밑에서

재생족으로 분류된 상위 세 계급은
베다의 제식에 참가할 자격이 있지만
수드라(노예)는 신의 발끝에서 나왔단다
살면서 아주 못된 짓을 많이 한 사람이나
좋은 일만 골라서 많이 한 사람이나
이승에 가서 잘사는 건 불평등 이란다

시바신이 인간을 다 낳은 후
똥을 누었는데 그 존재가 하리잔 이란다
하리잔은 사람이 못된 불가촉천민
불가촉천민은 제도의 틀 바깥에 있는데
해탈은 내생에서나 혹 가능한 일이지
이생에서는 불가능한 사람들이라며
차별 대우는 불평등이 아닌 평등이란다

평설

하고 싶은 대로 해도 법도를 어기지 않는다

– 전 민 시집 『움직이는 풍경화』의 의미

김용재

국제PEN한국본부 부이사장
UPLI한국위원회 회장

5년전 고희(古稀)기념 시선집 『청동빛 창가에 앉아 그리움에 색칠하다』(2013. 3월. 오름)를 발간하면서 쓴 후기의 한 구절을 생각해 보았다. 인생 칠십은 예로부터 드물게 온다(人生七十古來稀 : 인생칠십고래희)는 두보(杜甫 : 712~770)의 말을 비틀어 인생칠십이 지금은 희망으로 온다(人生七十今來希)고 한 말이다.

그렇다. 두보가 살던 그 옛날과는 시대가 많이 변했고 모든 삶의 여건들이 상승 발전했다. 더 이상 보탤 것 없이 인생칠십이 지금은 여전히, 또는 더 열심히 일할 수 있는 나이이고 희망의 연륜이라고 다시 말해본다.

최근 99세 김형석 교수와 이덕철 교수가 들려주는 '새해 건강 지혜' 〈60~70대가 인생 황금기 … '사명감' 가지면 노년이 고독하지 않습니다〉(조선일보.2018.1.4.목.B10면)를 읽었다. 필자를 비롯한 70대 젊은이들을 격려하는 말씀으로 환영하며 박수를 보냈다.

그리고 나이 70을 이르는 또 하나의 명언 종심(從心)을 생각해보았다. 논어 위정편(爲政篇) 공자의 말씀, 칠십이종심소욕불유구(七十而從心所欲不喩矩), '칠십은 하고 싶은 대로 해도 법도를 어기지 않는다' 는 것이니, 참으로 아름답고 가슴에 닿는 말씀이 아닐수 없다. 희망으로 일할 수 있는 나이, 하고싶은 대로 해도 법도를 어기지 않는 나이, 그 나이가 곧 70인 셈이다.

우리시대의 명망 있는 시인, 전민 시인이 고희 또는 종심의 칠십에 들어서며 그 기념으로 새 시집 『움직이는 풍경화』를 상재한다.

> 백마가 백사장을 달리고 지나간 뒤엔 모래발자국이 새겨져 남고 / 까마귀가 날다 내려와 눈밭을 걸은 후엔 눈발자국 흔적이 남는다 / … 중략 … / 古稀가 되어 세례도 받고, 시집 한 권으로 발자국을 또 찍어놓는다.

짤막하게 쓴 〈시인의 말〉 처음 2행과 마지막 1행이다. 자신의 시가 곧 발자국이며 흔적임을 알리는 말이다. 이 발자국은 모양이나 모습, 자취, 방향, 시대 등을 알리는 중요한 단서로 작용할 것이며 쉽게 사라지는 것도 있고 공룡의 발자국처럼 오래남아 역사나 문화의 한 양식으로 유용할 대상이 되는 것도 있을 것이다. 시인이 남기는 시의 발자국은 수많은 독자들에게 감동으로 다가와 문화 향수의 큰 힘으로 작용할 것이다. 그런 시편들을 살펴보자.

미나리꽝 몸 푸는 기지개
안개는 버들강아지를 품고
속살 깊이 스며드는 봄 향기
귓불을 간지럼 태우는 봄비

눈꽃 가지에 숨겨놓았다가
봉긋이 기어 나오는 홍매화
화신을 꿈꾸는 꽃술 머리에
봄의 숨결 한 움큼 뽑아내

폭죽 터지듯 꽃망울 톡톡
눈시울 뜨거워지는 한 몸
겨울 나뭇가지의 봄노래
휘감겨 오는 축제의 행진

꽃씨 하나 묻어놓지 못한
고희의 문 윙크하며
은신을 곱게 벗어놓는 봄비
연초록 보따리 풀어 놓았네
– 〈봄비〉 전문

봄비는 봄의 전령이다. 어떤 역할을 하는가 살펴보자. 미나리꽝이 기지개를 켜도록 한다. 버들 강아지 속살 깊이 봄향기 스미도록 한다. (나를 포함) 만물의 귓불을 간지럼 태운다(1연). 그리고 홍매화가 기어 나오게 한다. 봄의 숨결 한웅큼 뽑아낸다(2연). 겨울 나뭇가지에는 봄 노래를 매달고 축제의 행진을 벌인다(3연). 그러나 꽃씨 하나도 묻어놓지 못한 내 고희의 문 앞에 와 윙크하며 은신을 곱게 벗어놓고 연초록 보따리 풀어 놓는다(4연).

의인화된 봄비는 입춘대길(立春大吉)의 희망이며 희망을 전해주는 메신저이다. 특히 시인의 칠십 고희를 연초록 희망으로 축하하는 위대한 시심의 주인공이다. 사물의 이치를 연구하며 참 지식에 통달한다는 저 격물치지(格物致知)의 경지에 이르는 시인의 서정을 통찰할 수 있을 것이다.

이순耳順의 텃밭을
뛰쳐나간 내 삶의 불씨 하나

고희고개 갓 넘어가
가을 산에 불을 붙인다

파란 청춘의 잎도 태우고
노란 장년의 줄기도 태우고
노년의 가지로 타고 내려
유년의 실뿌리까지 태운다

석양에 붉게 색칠해놓은
무지갯빛 추억은 그대처럼
단풍꽃 다소곳이 피어
빈 가슴 속에 꼭꼭 묻어둔다

– 〈단풍꽃〉 전문

이순(耳順)은 예순 살을 달리 이르는 말이다. 역시 논어의 위정편에서 공자가 '예순 살부터 생각하는 것이 원만하여 어떤 일을 들으면 곧 이해가 된다' 고 한데서 유래한 말이다. 그 이순의 텃밭을 뛰쳐나간 삶의 불씨 하나가 고희 갓 넘어선 가을산에 불을 붙인다. 유년의 실뿌리, 청춘의 잎, 장년의 줄기, 노년의 가지까지, 단풍꽃 다소곳이 피어 시인의 빈 가슴속에 꼭꼭 묻어둔다. 석양에 붉게 색칠해 놓은 무지갯빛 추억이 오버랩 된다. 시인의 일생을 단풍에 비유한 것이다.

그 단풍도 꽃이 되었다. 단풍꽃, 그것은 곧 시인의 고희, 메타포인 것이다. 아름다움이며, 희망이며, 일할 수 있는 여유이며 자유로움이다.

절정에
사정하고
한꺼번에만
거두어주는 너

누가
사꾸라라
이름 붙였나
하얀 꽃 태워
깜장 믿음 버찌

품지 못할 향기는
탐내지 않는 거란다

— 〈지는 벚꽃이 더 아름답다〉 전문

벚꽃은 봄에 피는 가장 화려한 꽃이다. 4월의 눈꽃, 하얀 드레스의 신부, 흩날리는 명예 등 우수한 메타포나 상징어들도 많이 있다. 꽃말로도 결백, 순결, 절세미인, 정신의 아름다음 등 화려함의 연속이다. 그래서 4월이 오면 우리나라 방방곡곡에서 벚꽃구경, 벚꽃나들이, 벚꽃여행, 벚꽃축제 등등의 소문 소식들이 벚꽃처럼 화려하다. 물론 부정적인 말들 또한 적지 않다.

벚꽃의 꽃말을 '중간고사'라고 생각하는 학생들의 경우나 '잔인한 4월'이라고 생각하는 공무원 시험을 비롯한 취업준비생들의 경우 벚꽃은 압박 긴장 초조 위험 등 각종 스트레스의 요인으로 작용하고 있는 것이다. 시인이 시어로 차용한 '사꾸라'는 모호성(ambiguity)이 없는 것은 아니지만, 일본 관련, 부정적 관점이 일반적 견해일 것으로 생각해본다. 본래 벚꽃, 벚나무를 일본말로 사쿠라 라고 했다. 이 사쿠라는 공식적인 일본의 나라꽃은 아니라고 하지만, 일본의 상징이었고 천황의 꽃이었다. 눈부시게 피어났다가 순식간에 꽃눈처럼 흩날려 버리는 단명의 꽃이지만 중세의 사무라이(武士)들은 그들의 정열과 목숨을 사쿠라에 오버랩 시켰다. 이때 사쿠라는 다시 일본인들의 가슴속에 새겨져 '문명의 상징' '인간으로써의 명예로운 삶의 절정'을 나타냈다고 한다.

전쟁터에서 맨몸으로 최후를 장식하는 가미가제(神風)의 용사들, 통곡하며 배를 가르는 충직한 신하들에 대한 '미학적 죽음의 형상화'에 이 꽃이 또 기여를 했다고 한다. 그런데 우리나라에선 또 다른 사꾸라의 의미영역이 확대되었다. 사꾸라는, 여기 와선 이사람 편 인척 하고 저기 가선 저 사람

편 인척 하며 애매하게 구는 사람을 속되게 이르는 말이다. 숨어서 공작하는 사람을 이르기도 한다. 가짜, 사기꾼, 간첩 등 부정어로 변하여 심한 거부감을 주고 있다.

정치권에서는 '이중대'의 의미를 내포한다. 전면에 나서서 싸우는 일중대와 뒤에서 협력하고 뒷받침 해주는 조력 역할의 이중대란 이야기는 물론 아니다. '이중대'를 거꾸로 하여 '대중이'라 하고 김대중 전 대통령을 조롱하는 말로도 사용했지만, 그것도 물론 아니다. 똘마니부대, 병신부대, 때로는 빨갱이 의원들을 지칭했지만, 사꾸라 이중대는 또 다른 의미로 더 확산될 것이다.

〈지는 벚꽃이 더 아름답다〉고 시인은 정말 아름다운 작품을 내놓았다. '사꾸라'라고 하는 이 거부감의 낱말이 시어로 포용되면서 이 시의 의미는 더 크게 확산된다. '절정' '사정' '깜장 믿음' 과 같은 시어는 '사꾸라'와 더불어 전민 시인의 종심의 언어로 값을 더할 것이다.

다음은 이 시집의 표제로 뽑아낸 〈움직이는 풍경화〉를 보자. 이 작품은 하나의 촌락 이야기이며 향수처럼 아름다운 고향의 옛 풍경이다.

글방 훈장도 하고
갱엿도 고아 파는
웃뜸 김 선상님 댁, 상뜸 조 씨네

큰 아들 서울 나가
미장공 되어 까딱없는 방 서방 댁
속바지 속속 깊이
고린 지전紙錢 숨겨 있을 거라고
냉천 빨래터 뒤뚝이는 바윗돌 위

윤 초시 맏며느리는
깊은 한숨 꺼내 헹궈 빨다가
구 구장 만나러 지나가는
면서기 박 주사 자전거 뒷바퀴 따라
굴렁쇠 되어 쫓아가고 있었다

… 중략 …

어렵게 넘어가던
목 부러진 성황당 고개 위의
헹가래 치던 뭉게구름

송이송이 꽃송이
송이구름 피어나고 있었다

– 〈움직이는 풍경화〉 앞부분과 뒷부분

작품속에 전개되는 이 촌락은 시인의 옛 정이 서린 그리움의 정착지이며 성숙한 감각의 고향이다. 어떤 승지(勝地)도 승경(勝景)도 아니다. 그럼에도 불구하고 아름다운 풍경을 이루고 움직이는 풍경화로 채색되고 있는 것은 굳센 인물들의 삶의 모습이 활력있게 펼쳐지고 있기 때문이다.

'속바지 속속 깊이 / 고린 지전 숨겨 있을 거리고 / 냉천 빨래터 뒤뚝이는 바윗돌 위 // 윤초시 맏며느리는 / 깊은 한숨 꺼내 헹궈 빨다가' … 같은 표현을 보면 기법의 수려함을 인지할 수 있다. 가난한 이야기를 아름다운 풍경화로 승화시킨 시인의 지혜를 또한 감지할 수 있을 것이다.

생략된 부분에서의 산밭, 참(새참, 사이참), 능정이, 보리감자, 면서기, 조합서기, 새경, 금송아지, 옥양목, 뒤주, 맷돌, 도구통 … 같은 낱말들은 시골 정서의 귀중한 품목들이며 움직이는 풍경화의 주제어 이고 주인공이다. 꽃송이 된 뭉게구름의 헹가레도 의인화의 힘을 받아, 움직이는 풍경화에 한 몫을 한다.

버몬트 출신 미국 30대 대통령 캘빈 쿨리지(John Calvin Coolidge : 재임기간 1923~1930) 가 어떤 한 연설에서 "나는 버몬트의 언덕과 계곡, 풍경과 상쾌한 기후, 그리고 무엇보다 그 불굴의 주민들 때문에 버몬트를 사랑한다"고 했다.

우리 문단 활성화에 앞서가는 시인 전민은 충청도 홍성의 고향마을, 불굴의 주민들 때문에 걸작의 〈움직이는 풍경화〉

를 남겼다고 말할 수 있을 것이다.

〈계룡산〉연작시도 눈여겨 볼 수 있다.

국립공원 계룡산은 충남 공주에 있지만 대전 충청의 명산이며 전국민의 발길이 끊이지 않는 국립 공원이다. 철따라 아름다운 풍광, 갑사에서 동학사로 또는 동학사에서 갑사로 넘는 등산코스, 조선시대 이래 널리 유포되어 온 대표적 유언서인 정감록에 얽힌 수많은 전설, 그 달콤한 이야기들 … 이들을 포용한 시인의 계룡산 연작은 역작이며 그래서 주의를 끌 수 있다.

〈계룡산 · 1〉은 '하늘과 땅 화합해 산천을 빚고 / 신비한 그대, 영산 계룡산이네' 로 뜻을 심어 역사의 발원으로서의 계룡산을 말하고 있다.

〈계룡산 · 2〉는 백두대간에서 분가해 금남정맥에 터를 잡은 매운 서울, 신도(辛都)의 유래를 밝히고 있다.

〈계룡산 · 3〉은 조선이 탄생하여 일제에 빼앗긴 수치를 - 이끼속에 숨겨진 참언 으로 말하고 있다.

〈계룡산 · 4〉는 '조선 건국후 이 씨는 망하고 / 정씨가 흥하여 도읍지가 된다는 / 알 듯 모를 듯 신비한 정감록' 을 바탕으로 - 조선조 500년설을 전하고 있다.

〈계룡산 · 5〉는 '화엄종 십 대 사찰중 하나였지 / 재난과 한국전쟁을 버티면서 가장 오래된 비구니의 강원' 으로 이름난 동학사를 조명하고 있다.

〈계룡산·6〉은 '느티나무 숲길 깊숙한 / 계룡산 서북쪽 가슴에 / 하늘과 땅과 사람 가운데서 / 가장 으뜸가는 사찰 갑사'의 이야기를 담고 있다.

현상의 껍데기만 보고 그 껍데기에 관심을 두고 살아가는 현실적 속성을 밟고 넘어 역사적 내면을 간과하지 않는 그 시심의 발로는 또 하나 시민의 사명감으로 치부할 수 있는 것이다. 전민 시인의 시작업의 공로에 속한다 할 것이다.

제4부 '스님은 행복도시로 내려갔지'에서 보는 민담 연작시, 해외여행에서 얻은 시편에서는 이야기나 정보로 수용하는 감정, 기법으로 처리한 감수성을 어렵지 않게 인지하고 수용할 수 있을 것이다.

전민 시인은 월간《시문학》을 통해서 등단(1985)한 이후 꾸준히 작품 활동을 해왔고 한국의 순수 현대시 발전은 물론 지역문학 발전에 지대한 공헌을 하고 있다. 한국문인협회 대전지회 및 대전문인총연합회에서 사무국장, 이사, 감사등 지속적인 임원을 역임했고 우리나라 현존 최장수 문학지《호서문학》을 발행하고 있는 호서문학회 회장을 역임했으며 현재 명예회장으로 있다. 또한 한국시문학 문인회 대전충청 회장을 맡고 있으며 금년에는 한국현대시인협회 부이사장으로 취임하게 될 것이다.

세월이 변해도 아무런 허트러짐 없이 작품 활동에 열중

할 것이며 한국문단의 활성화 및 문학인의 저변확대를 위해 노력할 것이다. 고희를 맞이하는 희망과 하고 싶은 대로 해도 법도를 어기지 않는 종심으로서의 시심을 널리 펼쳐 갈 것이다.

새 시집 『움직이는 풍경화』 출간을 희망으로 맞이한다.